T0034242

AUTOR *BESTSELLER* DEL *NEW YORK TIMES*

Rick Warren

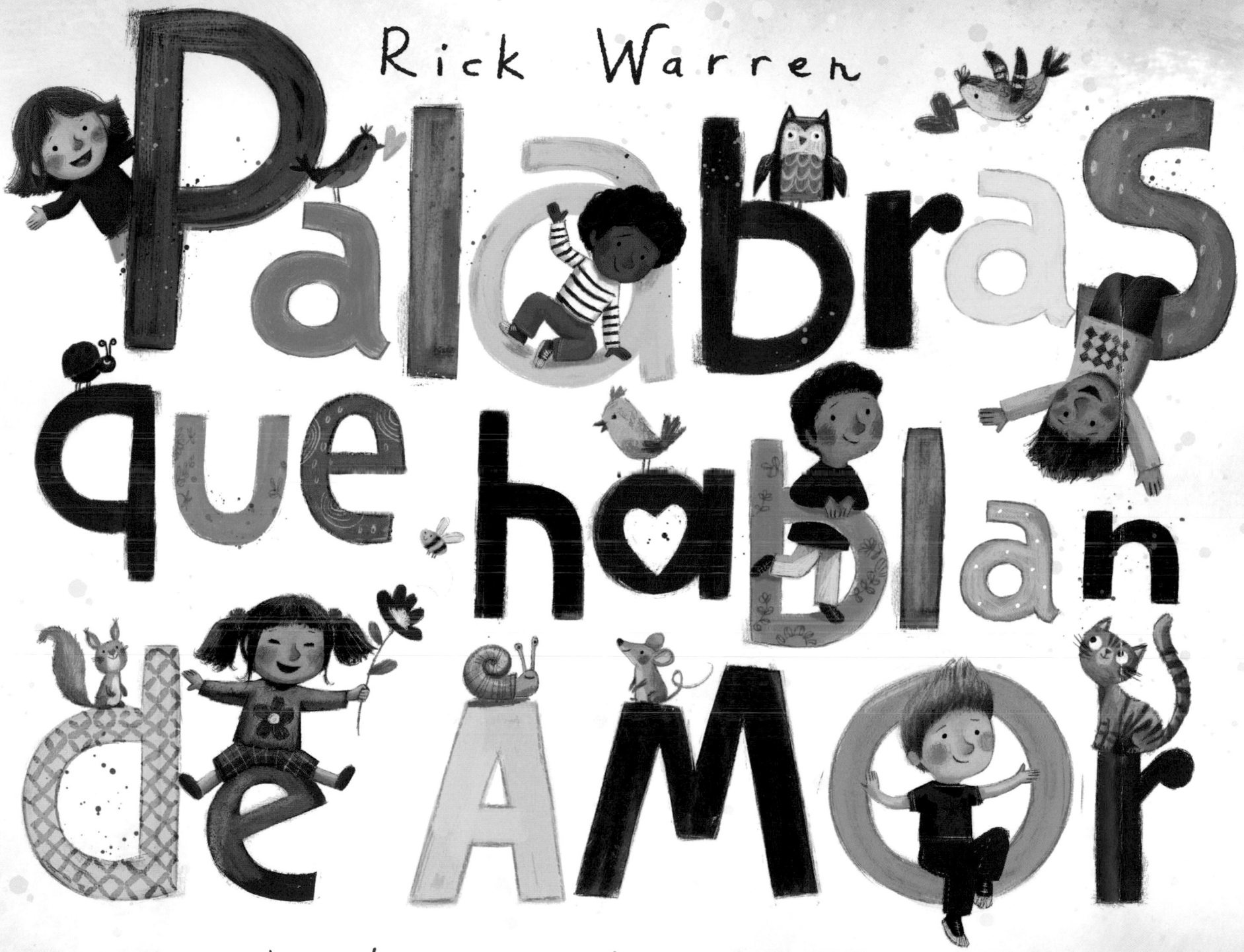

Ilustrado por Ag Jatkowska

Para mi gente favorita en el mundo entero…
Kaylie, Cassidy, Caleb, Cole y Claire.

-RW

Para Eddie con todo mi amor.

-AJ

Sean, pues aceptables ante ti
mis palabras y mis pensamientos,
Oh Señor, roca mía y redentor mío. (Salmos 19:14)

PALABRAS QUE HABLAN DE AMOR
Edición en español publicada por
Editorial Vida – 2019
Nashville, Tennessee
© 2019 por Editorial Vida
Este título también está disponible en formato electrónico.
Originally published in the U.S.A. under the title:
Words to Love By
Copyright © 2018 by Rick Warren, Illustrations © 2018 by Ag Jatkowska
Published by permission of Zondervan, Grand Rapids, Michigan 49530
All rights reserved.
Further reproduction or distribution is prohibited.

Editora en Jefe: Graciela Lelli
Traducción: Nahum Saez

A menos que se indique lo contrario, todas las citas bíblicas han sido tomadas de La Santa Biblia, Nueva Versión Internacional® nvi® © 1999 por Biblica, Inc.® Usada con permiso.
Reservados todos los derechos en todo el mundo.
Todos los derechos reservados.
Ninguna porción de este libro podrá ser reproducida, almacenada en ningún sistema de recuperación, o transmitida en cualquier forma o por cualquier medio —mecánicos, fotocopias, grabación u otro—, excepto por citas breves en revistas impresas, sin la autorización previa por escrito de la editorial.

ISBN: 978-0-82976-976-0

CATEGORÍA: Juvenil No ficción /Religión / Cristianismo / Inspiracional

IMPRESO EN CHINA
PRINTED IN CHINA

21 22 23 LSC 9 8 7 6 5 4 3 2

¿Sabías

que tienes el poder para cambiar la vida de alguien con tus palabras?

Te amo

Las palabras pueden ser pequeñas, pero pueden hacer
GRANDES COSAS
Brillante
Encantado
Alegre
eres Valioso
cree

me haces REIR
especial
DIVERTIDO
feliz
GOZO
AFECTUOSO
Cordial
Paciente
Amoroso
agradable
querido
AMOR
Agradecido
Atento
PAZ
me haces feliz
ADORABLE
SABIO
Cariñoso
Generoso
ÚTIL
GOZO
Mejor
AMOR
eres un buen Amigo
AYUDAS
Poderoso
HONESTO
Bello
AMOR
eres fuerte
Ideal
TREMENDO
Afectivo
MEJOR
Genuino
Tú vales
asombroso
AUDAZ
increíble
Amistoso
ingenioso
maravilloso
AMOR
APROBADO

Las palabras pueden dar aliento.

Pueden sacar lo mejor de la persona.

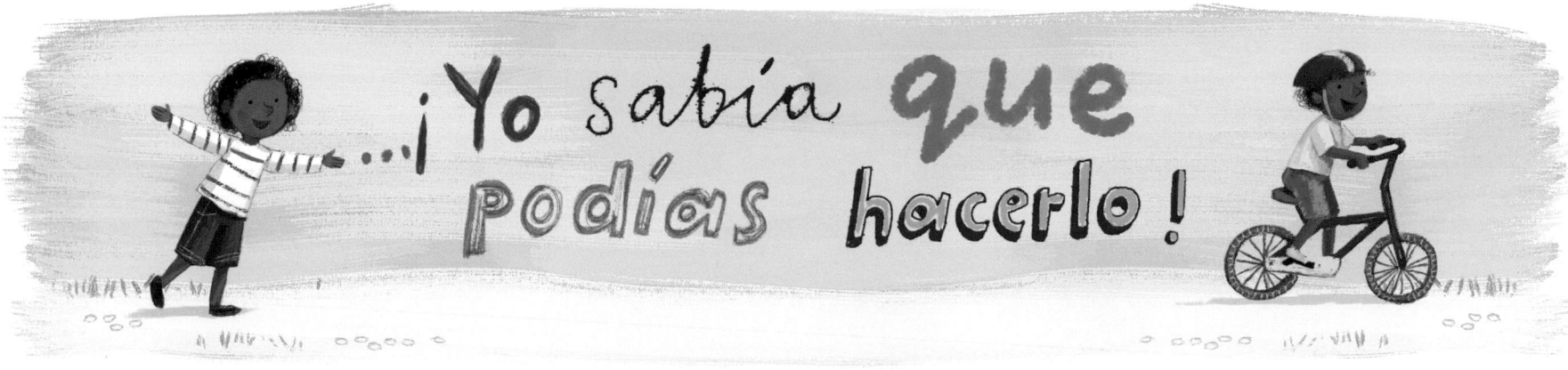

Las parabras pueden expresar Amor y Bondad
¿Necesitas ayuda?
Permítame ayudar...

Gracias...
Por favor, compartan

Y dejan saber a otros **que no están solos.**

¿Quieres jugar con nosotros?

Las palabras pueden mostrar **respeto**...

¿Quieres lanzarte primero?
Gracias

y que el mundo sepa lo **agradecidos** que estamos.

¡Gracias desde lo más profundo de

mi corazón!
Eso me hace reír

Las palabras pueden **sanar**...

Lo Lamento

y ayudan a establecer **amistades.**

A veces se dicen palabras con **ira**.

Y se dicen cosas desagradables que realmente no quieres decir.

¡Déjame en paz de una vez!

Así que, **ten cuidado** con tus palabras. Una vez que las dices no puedes recogerlas.

¡Te odio!
Soc

Las palabras que dices muestran a los demás lo que hay en tu corazón.

Dios quiere que tengas un corazón lleno de **bondad y amor.**

Las palabras son poderosas y deben ser usadas sabiamente.
Pueden guiarte en la dirección que quieres ir.
IRA
error
espantoso
feo
gruñón
MALO
mío

Amable
SONRÍE
gusta
Perdona
Ama
¿Quieres
compartir?
Agradable

LO
SIE

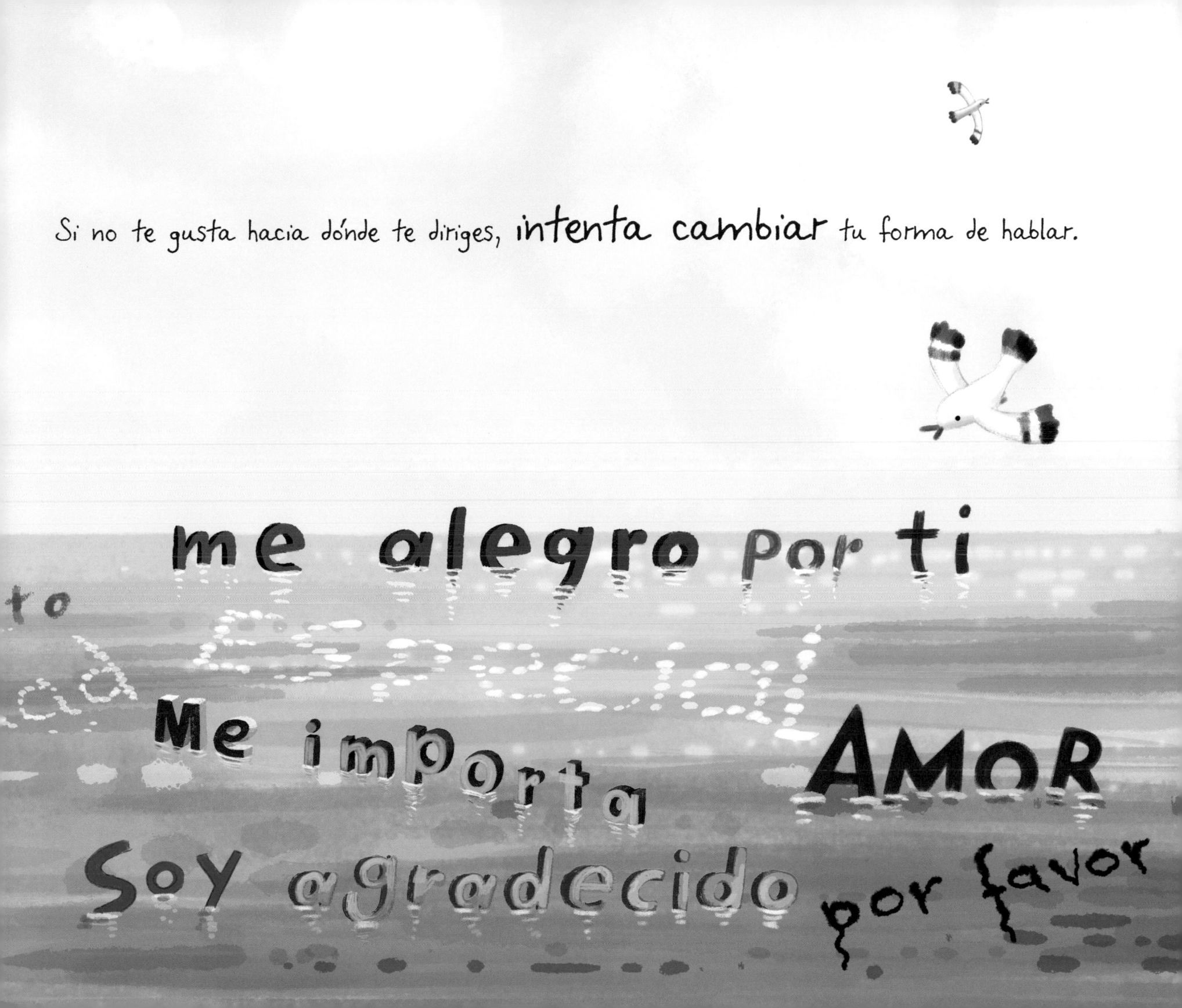
Si no te gusta hacia dónde te diriges, intenta cambiar tu forma de hablar.
me alegro por ti
Me importa
AMOR
Soy agradecido
por favor

Algunas veces es mejor no decir nada.

A veces es mejor solo ESCUCHAR.

Pero ten siempre presente...

Las palabras que escojas hoy pueden **cambiar tu vida...**

Y también la de alguien más.